OBSERVATIONS

A M. ANATOLE DE LA FORGE

RÉDACTEUR DU *SIÈCLE*

SUR LE

PROCÈS DES MINES DE SAINT-BERAIN ET DE SAINT-LÉGER

PAR

M. VIRLET D'AOUST.

PARIS

TYPOGRAPHIE DE HENRI PLON

IMPRIMEUR DE L'EMPEREUR

RUE GARANCIÈRE, 8.

—

1869

AVANT-PROPOS

M'étant décidé, sur l'avis de quelques amis, à faire imprimer cette lettre, d'abord destinée à M. Anatole de la Forge seul, je crois devoir la faire précéder, pour l'intelligence de ses lecteurs, de l'aperçu historique succinct des causes qui ont amené sa rédaction.

A l'occasion des dernières élections, il s'est élevé entre le Siècle, qui avait patronné d'abord la candidature de M. Émile Durier, puis a soutenu ensuite celle de M. Bancel, dans la troisième circonscription de Paris, et le rédacteur en chef de la Liberté, qui appuyait au contraire celle de M. Émile Ollivier, député sortant de cette même circonscription, une polémique des plus vives, et comme il n'arrive que trop souvent entre écrivains d'opinions opposées, qui devraient toujours se maintenir individuellement en dehors des questions, elle dégénéra bientôt en personnalités.

M. Anatole de la Forge, l'un des rédacteurs du Siècle, se croyant insulté, provoqua M. Émile de Girardin en duel!...

Celui-ci lui répondit qu'il n'acceptait le défi que la plume à la main, que M. de la Forge n'avait qu'à prendre une

1

rame de papier, qu'il en prendrait une de son côté, et que celui des deux qui aurait le plus vite consommé la sienne, par ses articles, serait reconnu vainqueur du combat !...

Postérieurement, M. de Girardin, répondant à un article du *Siècle* dans lequel M. Anatole de la Forge l'appelait *l'homme des mines de Saint-Berain,* ajoute que « si son » adversaire avait lu, comme il le dit, la *Gazette des Tribu-* » *naux,* il se serait épargné *son défi* de trouver son nom, » soit dans l'acte de société, soit dans le prospectus et les » annonces, soit dans les débats du procès, soit dans le juge- » ment d'acquittement en première instance, soit enfin dans » l'arrêt de condamnation en cour d'appel, » et que s'il l'avait vu quelque part, ce ne pouvait être que dans *le National* ou dans quelques autres journaux hostiles.

M. de la Forge répond que si on joue quelquefois sur les mots, M. Émile de Girardin joue sur les faits, et il lui pro- pose de porter la question devant un jury d'honneur !...

Une série de quinze à seize lettres (qu'on trouvera réunies dans *la Liberté* du 30 avril) s'échangent alors sur le choix des hommes qui devront composer ce jury d'honneur, et en définitive, le bâtonnier actuel de l'ordre des avocats, M. Grévy, et M. Desmarest, l'un des anciens bâtonniers, désignés par M. de Girardin et acceptés par M. de la Forge, ayant refusé leur concours, l'affaire aurait dû en rester là !...

Mais M. Anatole de la Forge ne se tenant pas pour battu, adresse dans *le Siècle* du 29 avril dernier *la menace* suivante à son antagoniste :

« Heureusement il y a encore des juges à Paris ! M. Émile » de Girardin s'en apercevra bientôt, il n'aura rien perdu » pour m'avoir fait attendre. Si mon adversaire ne se décide pas » à paraître avec moi devant un jury d'honneur, je publierai » un *petit mémoire* qui pourra servir d'appendice édifiant » aux QUESTIONS DE MON TEMPS. »

Le 15 mai suivant, M. de Girardin, de son côté, faisait sommation par huissier à M. Anatole de la Forge d'avoir à

exécuter sa promesse; puis on lit dans *la Liberté* du 31 mai ce qui suit : « La brochure en question a paru, elle n'a pas » coûté grande peine à son auteur, car elle se compose » de lambeaux d'une autre brochure publiée en 1842 par » MM. Dornès et Lebreton, en vue de faire échouer ma » double candidature dans les colléges de Bourganeuf et de » Castel-Sarrazin, lesquels ont répondu par ma double élec- » tion!... J'ai fait condamner les auteurs, pour leurs diffama- » tions, à cinq cents francs d'amende, aux dépens et à huit » mille francs de dommages et intéréts, donnés par moi à » l'hospice de Bourganeuf. »

L'article se termine par le paragraphe suivant : « Il y a » trente ans, lorsque je croyais à l'efficacité des condam- » nations judiciaires en matière de calomnie et de diffamation, » j'aurais fait condamner M. Anatole de la Forge par les » mêmes motifs aux mêmes peines; mais cette croyance, que » j'ai perdue, étant une arme que je n'ai plus, quel nom » donner aux calomnies de diffamateurs et aux injures d'in- » sulteurs qui savent que l'expérience que j'ai faite leur » assure l'impunité dont ils abusent?

» Ce nom, le lecteur le trouvera. ÉMILE DE GIRARDIN. »

A Monsieur ANATOLE DE LA FORGE, *rédacteur du* Siècle, *Paris.*

Paris, le 15 juillet 1869.

MONSIEUR,

Lorsque je me suis présenté au *Siècle* pour y réclamer votre *Petit Mémoire pour servir d'appendice édifiant aux* QUESTIONS DE MON TEMPS, vous avez bien voulu me le remettre, en réclamant toutefois mon nom, que je me suis empressé de vous faire connaître, et vous avez sans doute compris que si, comme il vous plaît de le désigner, M. Émile de Girardin était *l'homme des mines de Saint-Berain,* j'en étais réellement, moi, *le véritable ingénieur*, et comme tel, la vraie et malheureuse victime des haines vouées par toute la presse, sans exception d'opinion, à cet ardent polémiste.

Votre brochure devait donc m'intéresser à plus d'un titre. Aussi, en voyant que j'y avais encore été sacrifié dans l'intérêt de votre polémique, vous devez comprendre qu'elle a bien cruellement ravivé les souffrances morales qui depuis le procès n'ont cessé d'abreuver d'amertume mon existence : car, outre que je suis devenu un homme impossible, que mon existence matérielle a été brisée, je me suis vu forcé, moi, homme d'honneur, jusqu'alors estimé et considéré, de renoncer à toutes les hautes relations que je m'étais créées par mes travaux scientifiques; de me séquestrer tout à fait de la société pour ne pas entendre sans cesse rejaillir sur moi les animosités renaissantes contre un journaliste avec lequel je n'avais cependant eu aucun rapport direct et qui, comme vous l'avez admis vous-même, n'était « qu'une sorte de victime des passions politiques et de la calomnie. »

Dans l'origine, tout le monde, à la vérité, me plaignait, rendait justice à mon énergie, et je ne crains pas de le dire, à mon savoir; personne n'ignorait que j'avais été aussi une pauvre victime immolée sur l'autel des haines politiques!... Mais aujourd'hui, qu'après plus de trente ans l'affaire est à peu près oubliée et même ignorée de la plupart, il n'en reste plus dans le souvenir des masses qu'une idée vague et confuse qui sert néanmoins encore à stigmatiser les affaires les plus honteuses!... Le nom de Saint-Berain est devenu aujourd'hui comme le symbole de la spoliation, de la duplicité et de la flouerie; et quand on s'est écrié : C'est encore une affaire comme celle de Saint-Berain! on croit qu'il n'est plus possible de rien dire au-delà!... (1).

(1) L'honorable M. Amet, ancien agent de change à Paris, oncle et predécesseur de M. Lepel-Cointet, peu après le procès, m'ayant écrit à Saint-Berain pour me proposer d'aller lui faire un rapport sur les mines de *Courcelles-Nord*, près de Charleroi, nous convînmes du jour où je pourrais aller le rejoindre en Belgique. Ma première question, en l'abordant, fut de lui demander comment il se faisait qu'il m'eût choisi comme ingénieur, qu'il ne devait pas ignorer que j'avais malheureusement été impliqué dans le procès de Saint-Berain. « Je le sais, me dit-il, et c'est précisément à cause de cela que je vous ai choisi de préférence. Le talent et l'énergie dont vous avez fait preuve dans le procès me garantissent votre savoir. De deux choses l'une : ou vous vous êtes trompé, ou vous ne vous êtes pas trompé. Si vous vous êtes trompé, et tout honnête homme est exposé à se tromper de bonne foi, c'est pour moi un sûr garant de la circonspection que vous apporterez dans le travail dont vous vous êtes chargé; si vous ne vous êtes pas trompé, ce que je crois, le procès m'est encore un sûr garant de cette circonspection; et comme c'est pour m'éclairer, moi, personnellement, vous m'offrez toutes les garanties que je désire. »

C'était, sans aucun doute, faire preuve d'un grand sens, d'un excellent jugement. Malheureusement on ne rencontre pas toujours des hommes

Vous m'avez paru trop jeune, Monsieur, pour que vous
ayez eu connaissance de tout ce qui a précédé, déterminé
et suivi le procès des mines de Saint-Berain et de Saint-
Léger, grande, riche et magnifique concession de houille ;
vous ignorez sans doute que pendant près de huit mois une
presse haineuse avait surexcité l'opinion publique par une
série de ces articles mensongers, insidieux, pour ne pas dire

d'une logique aussi droite. Cependant le gérant des mines d'Épinac,
M. Michenot, étant mort subitement, quoique très-jeune encore, il avait
à peine quarante ans, deux des administrateurs eurent l'idée de m'appeler
à le remplacer et me proposèrent, à mon insu. Il paraît qu'il s'éleva à ce
sujet une très-vive discussion dans le conseil ; les personnes qui me sou-
tenaient objectaient que les mines d'Épinac ayant un nom qui ne devait
pas changer par la nomination d'un nouveau gérant, peu importait à l'affaire que j'eusse ou que je n'eusse pas été l'ingénieur de Saint-Berain ; que
ce qu'il leur fallait avant tout, c'était un homme jeune, intelligent, actif
et énergique ; que je réunissais toutes ces qualités. Tout ce qu'ils purent
ajouter en ma faveur ne parvint pas à détruire les préventions des trois
autres opposants, qui l'emportèrent, contre moi, par le nombre.

Près de trente ans plus tard, il y a de cela deux années à peine,
M. Morelot, ancien maître de verrerie, ancien gérant de mines, étant venu
me proposer d'aller faire un rapport sur des mines en Belgique, m'engagea
à modérer mes prétentions. « Vous savez bien, lui répondis-je, que je ne
suis pas très-exigeant : *quinze cents francs*, est-ce trop ?—Non, c'est même
très-modeste. » Je fus donc proposé ; mais comme il y avait un banquier
parmi les personnes qui s'occupaient de l'affaire, il voulut savoir quel était
l'ingénieur. Après qu'on lui eut fait mon éloge, qu'on lui eut vanté mon
honorabilité, mon expérience et mon savoir, on arriva à dire que j'avais
été l'ingénieur des mines de Saint-Berain, en faisant toutefois valoir les
raisons exprimées ci-dessus par M. Amet. « C'est possible, répondit-il,
cependant j'en aimerais autant un autre. » Et on désigna... qui ? Un élève
non encore sorti de l'École des mines, n'ayant encore visité aucune exploitation de mines, et on lui alloua *deux mille cinq cents francs* d'honoraires !
Chaque jour les mêmes faits, pour la même cause, se renouvellent à mon
égard, même avec des personnes qui se disent de mes amis.

C'est cependant sur mon unique rapport qu'a pu se constituer en France
la Société des charbonnages d'*Herné-Bochum*, aujourd'hui l'une des plus
importantes exploitations du magnifique et riche bassin houiller de la *Ruhr*,
dans la Prusse rhénane (Westphalie). Cette Société, très-sagement admi-

venimeux, la plupart du temps absurdes, par lesquels malheureusement le public par trop bénin se laisse presque toujours prendre; vous ignorez également (ce que je me propose de faire connaître quelque jour) que le procès des mines de Saint-Berain est le procès le *moins motivé* et le *plus injuste* qui ait jamais été fomenté par la presse, je ne

nistrée par des personnes extrêmement habiles, est aujourd'hui en grande prospérité, et ses actions primitives, qui ont déjà plus que *triplé* de valeur, ne tarderont certainement pas, d'ici à trois ou quatre ans, à *quintupler!*...

Son organisation définitive ne s'est pas faite sans avoir eu de grandes difficultés à surmonter, et voici les principales phases qui l'ont précédée : Une première combinaison financière ayant échoué par suite de renseignements pris auprès d'autres Sociétés qui prétendaient que ce ne serait pas seulement *cinq cent mille francs*, mais bien *un million*, *deux millions*, *trois millions* peut-être, qu'il faudrait dépenser pour atteindre la houille, M. Barrillon chargea M. Clerget, qui me connaissait depuis très-longtemps, puisque nous avions figuré ensemble dans le procès de Saint-Berain, et que pour d'autres motifs encore je devais croire mon ami, de me consulter; je lui déclarai qu'il me serait tout à fait impossible de rien dire à ce sujet sans avoir visité les lieux. Il m'offrit de l'accompagner moyennant *mille francs,* qui ne me seraient toutefois payés qu'en cas de réussite. Inoccupé pour le moment et surtout très-désireux d'aller étudier le plus beau et le plus riche bassin houiller connu, j'acceptai sans faire ni conditions ni objections. Il me remit seulement cinquante francs pour les menues dépenses nécessitées par tout départ, comme par exemple celle de dix-neuf francs pour le passe-port à l'étranger, etc.

Après avoir visité et étudié avec soin les mines les plus voisines des concessions qu'il s'agissait alors d'acquérir *sous conditions*, j'ai donné mes conclusions sur la question fort ardue des eaux et du fonçage des puits; car on sait que dans le nord de la France et dans la plupart des districts miniers de la Belgique, les grès et sables verts de la base du terrain crétacé fournissent un niveau d'eau parfois si abondant qu'il devient presque infranchissable, et qu'on lui donne pour cette raison le nom de *torrent.* Voici quelles ont été les conclusions de mon rapport, qui a été imprimé et publié sans mon autorisation, ce qui certainement en augmentait beaucoup la responsabilité :

« Dans le terrain crétacé ou *terrain* mort, qui recouvre seulement la » partie du terrain houiller qui constitue ce qu'on appelle le *nouveau* » *bassin de la Ruhr,* l'eau n'est pour ainsi dire qu'accidentelle; elle n'y dirai pas en vue de satisfaire des haines politiques, ce serait lui faire beaucoup d'honneur, mais pour de mesquins intérêts lésés et uniquement pour se venger de l'homme qui, en créant *la presse à quarante francs,* avait nécessairement porté un peu préjudice à ces intérêts!...

Qui se souvient aujourd'hui du *tolle* général qui s'éleva

» apparaît que comme conséquence de rares fentes ou fissures existant sur
» quelques points de ce terrain, composé généralement, au contraire, de
» roches imperméables, sans en excepter même les grès et sables verts. »

Cette question capitale des eaux, qu'en présence des dires de quelques exploitants voisins, plus d'un ingénieur de renom eût probablement laissée alors dans le doute, je n'ai pas craint, moi, de la résoudre affirmativement, bien convaincu que l'expérience viendrait confirmer mon dire. J'ai donc par là rendu possible l'organisation de la Société actuelle, qu'il eût peut-être été bien difficile, sinon tout à fait impossible, de former sans les conclusions de mon rapport. Aussi tous les ingénieurs et personnes compétentes qui ont pu apprécier ce rapport ont été unanimes pour déclarer que si je n'avais pas reçu, à titre d'honoraires, *au moins un pour cent* du capital engagé dans l'affaire, soit *cent actions* sur les dix mille créées d'abord, simultanément avec dix mille obligations remboursables à cinq cents francs, conditions qui sont au surplus celles que j'ai plus d'une fois stipulées moi-même dans les affaires purement aléatoires comme l'était en ce moment celle d'Herné-Bochum, ces personnes ont déclaré, dis-je, que je n'avais pas été convenablement rémunéré. Quand donc M. Clerget, mon compagnon de voyage, vint me déclarer que j'étais inscrit pour seulement vingt-cinq actions, je crus que c'était de sa part une simple compensation des *deux mille cinq cents francs* qu'il me devait d'ancienne date, car on avait accordé le même nombre d'actions, et même *le double,* à des personnes qui avaient pu contribuer à l'organisation, mais sans avoir rien produit et sans avoir surtout à encourir la responsabilité morale que peut entraîner un rapport même très-consciencieux, ainsi que j'en ai fait déjà la bien cruelle expérience!...

J'avais d'autant plus lieu de croire qu'en l'absence d'aucune condition stipulée entre nous les vingt-cinq actions ci-dessus ne devaient pas constituer seules mes honoraires dans l'affaire, que lorsque mon rapport fut remis au véritable fondateur, M. Barrillon, M. Clerget, s'empressa de m'annoncer qu'il en avait été si content qu'il avait promis un *supplément;* mais comme dit trop bien le proverbe *Verba volant,* cette promesse est bien vite passée à l'état d'oubli, et non-seulement je n'ai rien reçu de

dans toute la presse contre son auteur? Cependant l'idée
était bonne et féconde ; elle a amené des réformes extrêmement utiles : à partir de cette époque, tous les grands journaux qui jusqu'alors avaient livré, sans grande peine, au
public leur science économique et politique à raison de
quatre-vingts francs par an, ont dû chercher à améliorer leur
rédaction, à modifier leurs allures, leurs habitudes ; ils ont
été obligés d'augmenter leur format ; ils ont dû graduelle-
ment baisser leur prix d'abonnement, ce qui néanmoins
ne les a pas empêchés, pour la plupart, de voir successivement diminuer le nombre de leurs abonnés !.... On ne par-
donne pas de semblables atteintes portées à lèse-journa-
lisme.

Là, oui, là seulement, Monsieur, il est triste de le dire, est
la cause *unique* et bien *misérable* du procès de Saint-Berain
et de toutes les haines suscitées contre M. Émile de Girardin
et ses prétendus complices, par ce journalisme qui s'est naturellement bien gardé de faire connaître au public cette vraie
cause, se contentant de faire résonner à ses oreilles les
grands mots de patriotisme, d'intérêts publics et sociaux, sur
lesquels il cherchait à faire croire au contraire qu'elle était
uniquement basée.

Cependant, à l'aide de l'abaissement du prix des journaux,
la publicité s'est beaucoup accrue et l'importance de ces

plus, mais encore, pendant que plusieurs des coïntéressés bénévoles rece-
vaient, en outre de leurs actions, des positions largement rétribuées,
j'étais rayé, moi, sans en être averti, comme on m'avait du reste nommé
sans me consulter, des fonctions purement nominales d'*ingénieur conseil*.
Cette dernière circonstance, je l'attribue encore, en partie du moins, à mon
ancienne coopération à l'affaire de Saint-Berain, qui ne cessera de peser
fatalement sur ma destinée que quand le public sera tout à fait revenu des
préventions injustes qui lui ont été si odieusement inculquées. Mais comment, ces préventions pourraient-elles disparaître, avec une presse qui
s'obstine encore aujourd'hui, par respect humain, par amour-propre ou
pareil, à maintenir ses calomnies intéressées d'autrefois ?

journaux a grandi ; ils ont pu pénétrer partout et contribuer à la diffusion des lumières. Cette émancipation du vieux journalisme a donc, en définitive, surtout profité aux masses, ce qui ne les a pas empêchées, chose qu'on aura peine à croire un jour, cédant aux instigations dont l'origine et le but réel leur échappaient, de faire chorus aux journaux et d'adopter les haines accumulées contre l'initiateur de ce progrès intellectuel !...

Auguste Cleemann, banquier, avec lequel je n'avais jamais eu le moindre rapport, ayant eu besoin d'un ingénieur pour l'assister dans une visite aux mines de Saint-Berain et de Saint-Léger (Saône-et-Loire), dont on lui proposait l'acquisition, je lui fus désigné.

Étais-je donc le premier venu ? Je passais alors pour un homme d'expérience pratique : j'avais dirigé des mines à Saint-Étienne (Loire) et dans la Vendée (Maine-et-Loire) ; j'avais adressé à l'Institut, sur ces dernières mines, un Mémoire où je démontrais qu'elles appartenaient à une époque géologique plus ancienne que celle des terrains houillers proprement dits, et que la houille appartenait par conséquent à trois époques géologiques bien distinctes (1) ; ce même Institut m'avait désigné à l'unanimité pour faire partie de la commission scientifique qui fut envoyée en Grèce à la suite de notre corps d'armée libératrice ; j'avais pris part à la fois dans les sections des sciences physiques, archéologiques et d'architecture, aux publications du grand ouvrage publié par cette commission, sous les auspices du gouverne-

(1) Il a été fait une courte analyse de ce Mémoire dans les comptes rendus hebdomadaires des séances de l'Institut du *Messager des Chambres*, numéro du 7 janvier 1829. Récemment, ce fait important de géologie a été pleinement confirmé par un de nos plus savants géologues praticiens, Triger, qui, quelque temps avant sa mort, est venu déclarer à la *Société géologique de France* qu'il avait constaté et reconnu la présence de fossiles *dévoniens* dans les couches de ce terrain.

ment, ce qui m'avait valu deux décorations, *non sollicitées*, de la part des gouvernements grec et français. Mes travaux, en particulier, avaient été très-favorablement appréciés dans les recueils scientifiques, et entre autres dans la *Revue encyclopédique*, où Jean Reynaud, l'un de mes illustres condisciples de l'École des Mines, leur avait consacré un très-long article. J'avais publié, en outre, différents Mémoires concernant les forges, et notamment un *Coup d'œil sur la métallurgie, considérée dans ses rapports avec l'industrie, la civilisation et la richesse des peuples*, brochure qui avait eu un assez grand succès (M. Legrand, alors sous-secrétaire d'État du ministère des travaux publics, en avait fait prendre cent exemplaires pour les distribuer aux ingénieurs des mines); elle avait aussi été particulièrement bien appréciée dans un article de fonds du *Journal des Débats*. Je n'étais donc pas tout à fait, comme on l'a dit et comme vous semblez le supposer aujourd'hui vous-même, Monsieur, le premier venu ! Et loin d'être, comme on a cherché également à le faire supposer, un homme gagné pour de l'argent et comme ayant consenti à signer un rapport qui n'aurait pas été le sien, je n'ai même pas su, ainsi que la chose a été constatée et reconnue par tout le monde au procès, me faire payer de mon travail.

En effet, je n'ai d'abord reçu que cinq cents francs et mes frais de voyage, suivant mes habitudes et *suivant convention*, pour *un simple avis verbal à donner sur lieux et un déplacement ne devant pas dépasser huit jours*. Puis, pour le rapport écrit que je fus ensuite chargé de rédiger, je m'étais contenté de réclamer modestement, à titre d'honoraires, *cinq actions de la Société;* mais, comme j'avais été assez négligeant de mes propres intérêts pour ne pas stipuler mes conditions à l'avance et que j'avais affaire à un de ces banquiers, véritable *grippe-sous*, il ne m'en fut alloué qu'*une*, que je crus cependant devoir accepter, comme témoignage de mon entière confiance dans l'opération, au lieu des *mille francs en espèces* qui me furent offerts, et cela malgré que le susdit banquier Cleemann, d'après ce qui m'a été rapporté postérieurement, eût déclaré que mon rapport valait au moins *trente mille francs!*... Je dois cependant à la justice de déclarer ici que lorsque, après tant de scandales, les actions tombèrent de mille francs à cent francs et même au-dessous, la mienne me fut intégralement remboursée par le gérant de la Société, Louis Cleemann.

Voilà donc ce que j'ai reçu dans l'affaire des mines de Saint-Berain et de Saint-Léger, en tout *quinze cents francs!*... (1) J'ai dû cependant m'en féliciter alors, car, en face des opinions passionnées qui agitaient toute la société, si j'avais pu être convaincu d'avoir reçu seulement *dix mille francs*, ce qui eût, certes, été un honoraire modéré dans une semblable affaire, j'aurais couru de bien plus grands dangers de devenir une des innocentes victimes de ce malheureux procès!

Mon rapport est une appréciation consciencieuse d'une vaste et magnifique concession de houille, de trois lieues de longueur, et, comme je l'ai dit, *à cheval sur le canal du Centre*, c'est-à-dire qu'elle est traversée dans toute cette longueur par le canal. Elle fut découverte par une de nos plus grandes célébrités scientifiques, l'illustre chimiste Guyton de Morveau; ce chimiste y fit établir une verrerie, qui prit bientôt le nom de *Verrerie royale de Saint-Berain*. Placée dans une des plus heureuses et des plus admirables posi-

---

(1) Mais si je n'ai reçu que *quinze cents francs* d'honoraires pour la constitution de la Société, j'y ai ensuite sacrifié, sans compter ma part dans les frais énormes du procès, qui s'élevaient déjà, avant l'*appel,* à cent mille francs, j'y ai sacrifié, dis-je, *plus de vingt-cinq mille francs* de mon propre avoir, pendant huit années de luttes incessantes, soutenues dans l'intérêt de la défense des malheureux actionnaires, dont j'aurais voulu pouvoir sauver le gage si odieusement compromis par le procès le plus scandaleux qu'on ait jamais tenté de faire à une belle et très-sérieuse entreprise.

tions industrielles de France, cette concession, lorsque je
la visitai, bien qu'exploitée avec succès depuis près de
quatre-vingts ans, pouvait cependant être encore considérée
comme à peu près *vierge*, car les *affleurements,* ou les
parties les plus voisines de la surface, avaient seuls été
exploités sur quelques points. Eh bien, cette expression,
consacrée dans le langage des mines, que j'avais employée
dans mon rapport, donna néanmoins lieu à la critique et
à une plaisanterie d'assez mauvais goût de la part d'un
avocat, qui s'écria : « Voyez-vous une vierge de quatre-
vingts ans!... » Elle fit rire, c'était tout ce qu'il voulait.

On se demande aujourd'hui comment il se fait qu'on n'ait
pas pu faire connaître au public la vérité de ces faits?
Comment aurait-on pu le faire avec des journaux qui se
plaisaient, au contraire, à répéter les balivernes journalières
du *Charivari* et du *Corsaire,* annonçant par exemple qu'au
lieu de charbon, on venait de retirer du fond d'un puits de
Saint-Berain *un homme fossile,* etc, etc.?...

La seule chose qu'on ait pu reprocher et qui a été
surtout le grand cheval de bataille du procès, quoiqu'à vrai
dire elle n'eût en elle-même aucune importance, c'est le
chiffre de la contenance territoriale de la concession, porté,
par erreur typographique, qui se rectifiait d'ailleurs par son
second terme, à « *vingt mille dix-sept hectares ou six lieues
carrées* » tandis que *six lieues carrées ou douze mille hectares seulement* est la contenance réelle; dans la plupart
des circulaires, cette erreur se trouvait doublement rectifiée
par une troisième expression, celle de *cent vingt kilomètres
carrés :* or, je le demande aujourd'hui à votre impartialité,
Monsieur, quelle est, de ces deux ou trois expressions
réunies, celle qui est la plus capable de vous donner une
idée juste de l'étendue de la surface? Six lieues carrées est
une expression susceptible d'être appréciée de prime abord
par tout le monde, tandis qu'il y a bien peu de personnes, à
moins d'être un géomètre arpenteur, capables de se faire

une idée exacte de la surface représentée par vingt mille dix-sept hectares, ou même douze mille hectares, soit cent vingt kilomètres carrés. Mais avec le mauvais vouloir qui a constamment présidé dans les poursuites de ce procès, on cherchait toujours à faire ressortir la fraude supposée, en ne citant que l'expression *erronée*, et en évitant avec soin de rappeler l'expression *rectificative* qui la suivait et qui la détruisait (1).

(1) La malveillance a été si manifeste dans ce terrible procès, que tout ce qui pouvait venir à charge était soigneusement reproduit successivement par tous les journaux, et que tout ce qui aurait pu au contraire atténuer ou même réfuter entièrement les attaques était naturellement passé sous silence. C'est ainsi que les plaidoyers des avocats adverses ont été partout reproduits, analysés ou cités avec les plus grands éloges, et on ne manquait pas de mettre en relief les passages qui pouvaient paraître les plus accablants; c'est ainsi que l'un des réquisitoires du ministère public, que je me garderai bien de caractériser ici, quoiqu'il ait fait hausser plus d'une fois les épaules de Mᶜ Berryer et de ses collègues, fut analysé le jour même par le *Messager des Chambres*, le seul journal du soir de l'époque, à peu près de la manière suivante : Le ministère public a pris la parole, il a parlé pendant deux heures, il a constamment captivé l'attention publique; il a frappé de réprobation ces manœuvres frauduleuses qui pèsent depuis trop longtemps sur la France et dont il convient de purger enfin la société, etc, etc!... Cela ne disait pas grand'chose, mais c'était ronflant; c'étaient, à vrai dire, des phrases sonores mais tout à fait creuses de sens : elles ont pourtant produit l'effet qu'on en attendait!... Le lendemain, les autres journaux ne manquaient pas de reproduire unanimement ces phrases, jetées au public au nom des prétendus intérêts de la société menacés et compromis!...

Quant aux plaidoyers de nos habiles et éloquents défenseurs, Mᵉˢ Philippe Dupin, Delangle, Crémieux, Teste, on s'est bien gardé d'en parler, d'en rapporter un seul mot; on s'est borné à dire qu'on regrettait que l'espace manquât pour les reproduire!... Un seul journal de l'époque faisait cependant remarquer à ce sujet que le *Messager,* qui avait donné fort au long le plaidoyer de Mᶜ Baroche, se bornait à mentionner en quelques mots que Mᵉˢ Teste, Delangle et Crémieux avaient parlé!... et il ajoutait que *le public apprécierait le procédé!* Malheureusement le public n'apprécie jamais rien, et, à moins qu'il n'y soit directement intéressé, il accepte plus ou moins, sans examen, les nouvelles qu'on lui débite chaque

Aussi, M⁻ Berryer, l'un de nos adversaires, parmi lesquels figuraient M⁻⁺ Odilon Barrot, Baroche, Garbé, qui savait parfaitement à quoi s'en tenir à ce sujet, s'est-il contenté, en ce qui me concernait, de conclure en disant que quant à l'ingénieur, si on ne pouvait attaquer sa bonne foi, on

jour, et il ne remarque jamais les procédés insidieux et déloyaux avec lesquels la presse parvient souvent à dénaturer les faits!...

Voilà comment on était arrivé, dans le procès de Saint-Berain et de Saint Léger, à fausser si complétement l'opinion publique, que ma propre famille, désolée, m'écrivait qu'elle ne comprenait pas que je n'eusse pu trouver un seul mot de défense; que c'était en quelque sorte me reconnaître coupable!... Tandis que mon habile défenseur, M⁻ Crémieux, avait prononcé en ma faveur un des plus beaux plaidoyers qui soient jamais sortis de sa bouche éloquente; plaidoyer que j'ai été assez heureux de pouvoir faire reproduire textuellement à l'aide de la sténographie, et qui d'ailleurs avait été corroboré ensuite par M⁻ Philippe Dupin, dans sa réplique, avec l'éloquence ardente et incisive qui caractérisait son beau talent oratoire; et j'avais cependant déjà fait insérer, *in extenso*, à la vérité dans trois journaux seulement, le *Journal des Débats*, le *Courrier français*, la *Presse*, pour la modique somme de *six mille cinq cents francs*, ni plus ni moins, ma réfutation du rapport jésuitique d'un collègue malveillant, et elle avait été trouvée si énergique, si péremptoire, qu'elle est complétement restée sans réponse.

Chaque fois qu'on a eu à rendre compte de l'affaire de Saint-Berain et de Saint-Léger, on a bien eu soin de ne jamais parler que de l'arrêt, évidemment rendu sous l'influence de l'opinion publique surexcitée, à laquelle il eût été bien difficile aux membres de la cour de se soustraire complétement; car, comme l'a fort bien dit Napoléon I⁻ à Sainte-Hélène, « l'opinion publique est une puissance invincible, mystérieuse, à laquelle rien ne résiste »; et l'on se garde de citer le jugement si bien, si longuement motivé, surtout si honorable pour moi, du tribunal de première instance, présidé alors par M. Mourre, un de ces magistrats intègres digne de figurer parmi ceux dont la magistrature française s'honore le plus.

Lorsqu'après le jugement je suis allé lui témoigner mes sentiments de bien vive reconnaissance, il m'a adressé les paroles suivantes, qui ne sortiront jamais de ma mémoire, parce qu'elles peignent et caractérisent l'homme mieux que ne pourrait le faire un long discours. « Votre procès, me dit-il, m'a causé bien des insomnies; craignant surtout de me laisser aller aux impressions du dehors, j'ai interdit depuis quinze jours l'entrée chez moi de tous les journaux politiques dont je redoutais les clameurs, et pouvait peut-être lui reprocher un peu de légèreté, de l'étourderie!... De la légèreté, de l'étourderie! Non, M⁰ Berryer, il n'y a eu ni légèreté ni étourderie de ma part (1).

Un autre reproche qu'on a encore adressé à mon rapport tenait surtout à son style un peu enthousiaste et imagé, lequel n'était cependant que le reflet des articles que j'avais récemment publiés sur les progrès des arts industriels, de la

j'ai évité d'aller dans le monde, qui subit trop facilement la pression de l'opinion publique!... » Puis il me raconta l'horrible nuit qu'il avait passée, la veille du jugement, par suite du dépôt que, pour justifier leur déclaration, Blum et Cleemann avaient cru devoir lui faire de *douze cents actions* qui pour lui représentaient *un million deux cent mille francs*, dont il se croyait responsable. « Pour plus de sûreté, ajouta-t-il, je les avais placées la nuit sous mon oreiller, d'où il me semblait qu'il s'échappait à chaque instant comme des jets de flamme qui me traversaient le cerveau, tant la responsabilité que j'avais assumée me causait de frayeur, par la crainte d'accident!... » Eh bien, ce magistrat si probe, si loyal, n'en a pas moins été odieusement calomnié par quelques rédacteurs indignes, qui n'ont pas craint de le désigner comme un homme vendu à l'or de Cleemann et Cᵉ. Ne sont-ce pas là de ces excès qui feraient quelquefois regretter la liberté de la presse, si on ne savait pas qu'à côté des inconvénients qu'elle présente se trouve le remède dans cette liberté même?

Le noble baron Mourre, devenu ensuite conseiller à la cour impériale de Paris, y est décédé le 14 mars 1865, à l'âge de soixante-huit ans. Quoique je ne l'eusse entretenu qu'une seule fois dans ma vie, celle dont il vient d'être question, la nouvelle de sa mort m'a fait verser des larmes, et je me suis fait un pieux devoir d'aller accompagner ses restes mortels jusqu'au champ du repos. Puissent ces quelques paroles, inspirées par un sentiment de profonde admiration, le venger d'atroces calomnies qui du reste ne pouvaient l'atteindre; si la justice est parfois bien tardive en ce monde, elle ne manque jamais cependant de venir venger les innocents des calomnies dont ils ont pu être momentanément victimes.

(1) Après l'audience, m'étant approché de M⁰ Berryer pour le remercier des ménagements qu'il avait bien voulu observer envers moi dans son plaidoyer si éloquent, si émouvant même, quoiqu'un peu vide de fond, et lui dire que j'espérais bien qu'il me ferait acquitter : « Mon pauvre garçon, me répondit-il, je le désire et je l'espère; je ne regrette en cette circonstance qu'une chose, c'est de n'avoir pas plutôt été chargé de vous défendre que de vous attaquer. »

métallurgie, de l'exploitation des mines, etc. (1), et l'on a
voulu en inférer que je n'en étais pas l'auteur, que je
n'avais fait qu'y apposer ma signature!... Une telle suppo-
sition n'était pas seulement injurieuse et infamante, elle était
de plus absurde, car elle devait faire supposer en même
temps, en admettant mon incapacité, qu'un autre ingénieur
s'était chargé, lui, de traiter les questions techniques et scientifiques que ce rapport embrassait; mais la haine et la
calomnie ne raisonnent pas. Il est vrai qu'on avait beaucoup
abusé de ce rapport, et qu'en le déchiquetant de toutes les
manières on avait fini par lui donner tout à fait l'apparence
d'une réclame, ce qui avait sans doute fait dire au banquier
Cleemann qu'il valait *trente mille francs?*

En suscitant le procès de Saint-Berain, on voulait uniquement atteindre et tuer moralement M. de Girardin, que l'on
supposait, à cause de ses rapports antérieurs avec le banquier Cleemann, être l'un des fondateurs de la Société, et
l'on s'était dit : S'il ne figure pas dans l'acte, en attaquant
l'affaire, en y impliquant tout le monde, nous finirons bien
par le faire démasquer et nous l'atteindrons ainsi! On n'y est
pas arrivé sans doute; mais le but qu'on se proposait était
si avoué dans le public, que chacun le disait et le proclamait
hautement. C'est ainsi qu'après les visites personnelles de
Mᵉˢ Delangle et Crémieux aux mines de Saint-Berain et de
Saint-Léger, d'où ils étaient revenus enthousiasmés, le prin-
cipal meneur de l'intrigue, partie du *National,* ayant été

(1) Il est certain que je l'avais rédigé avec cette vivacité et cette cha-
leur que j'ai toujours mises dans la rédaction des choses qui frappaient
vivement mon imagination, comme l'avait fait la reconnaissance de la
concession de Saint-Berain. Au surplus, mon style déjà bien connu m'avait
fait surnommer *l'ingénieur-poële* par un de mes anciens professeurs,
M. Moisson-Desroches, ingénieur en chef des mines, homme d'infiniment
d'esprit, quoique fort original, et qui, après m'avoir fait de l'opposition à
cause de mon trop franc parler, avait fini par me vouer beaucoup d'estime.

interpellé au Palais sur l'existence de beaux et bons charbons dans les mines de Saint-Berain, se borna à faire la réponse suivante, qui nous fut immédiatement rapportée par une personne des plus dignes de foi : « Qu'est-ce que cela nous fait, mon cher, qu'il y ait ou qu'il n'y ait pas de charbon à Saint-Berain, nous voulons que l'affaire soit mauvaise, et elle sera mauvaise!... »

Que dire d'une telle réponse, émanant d'un homme éminent au Palais, si ce n'est qu'il y a eu deux condamnations ; que si j'ai été doublement acquitté, mon avenir n'en a pas moins été perdu ; que les malheureux actionnaires ont été complétement ruinés!... Mais qu'importaient les condamnations à intervenir? qu'importait l'ingénieur; qu'importaient les nombreux actionnaires, devant le désir de se venger d'un novateur assez osé pour avoir porté atteinte aux intérêts matériels des gros pachas de la presse?

J'ai été appelé en consultation dans l'affaire industrielle de Saint-Berain, comme un médecin l'est pour faire connaître l'état d'un malade ; j'ai donné mon avis, je l'ai donné consciencieusement, mais je suis resté complétement étranger et à la publicité qui lui a été donnée, et aux combinaisons financières de l'opération. Je n'aurais donc dû figurer que comme témoin dans un procès intenté à une affaire qui, bien que des plus loyalement organisée, n'en a pas moins été présentée au public comme une des plus affreuses escroqueries!... Et comme je l'ai dit à ce sujet à Dornès lui-même, qui avait été, lui aussi, mon condisciple à l'École des mines et qui s'était posé plus tard en ennemi personnel de M. de Girardin, je crois que les poursuivants ont commis une maladresse en m'impliquant dans le procès.

Le prix de quatre millions cinq cent mille francs, en y comprenant, qu'on le remarque bien, *un million de fonds de roulement* (1), auquel les mines de Saint-Berain et de

(1) Ce fonds de roulement, que bien des fondateurs se seraient con

Saint-Léger avaient été apportées en société par Blum et Cleemann, et contre lequel on s'est tant récrié, n'avait cependant rien de bien exagéré. Cleeman était un banquier assez avide ; David Blum, lui, était un homme très-intelligent ; ancien maître de forges, ancien exploitant de mines, il appartenait à une famille d'industriels très-estimée et très-considérée en Bourgogne et en Franche-Comté ; c'était cette

tentés de porter à cinq cent mille francs, aurait largement suffi pour amener l'affaire à un état de prospérité désirable, si, après la démission du gérant, M. Louis Cleemann, qui m'appelait, un peu par ironie, l'*innocent ingénieur*, titre dont cependant je m'honore, parce qu'il prouvait le rôle (que dans sa pensée il trouvait sans doute par trop désintéressé) que j'ai joué dans cette affaire ; si on n'avait pas, dis-je, nommé une série de gérants et d'administrateurs plus incapables les uns que les autres, ne connaissant absolument rien aux mines et ne faisant d'ailleurs rien pour les relever, car ils étaient toujours nommés par l'influence des hommes qui voulaient à tout prix amener la liquidation de la Société.

Le premier nommé, dont je me contenterai de dire ici un mot, fut un administrateur judiciaire ; outre que c'était un homme absurde, il était tellement imbu de tous les clabaudages des journaux, qu'il en était arrivé à croire que tout le personnel des mines de Saint-Berain ne se composait que de voleurs ! C'est par suite de cette idée fixe, et par la crainte qu'on ne pût détourner quelques hectolitres de charbon, qu'il commença par interdire complétement la vente sur les puits, bien qu'elle ne pût s'y faire que sur des bons détachés d'un livre à souche, délivrés par les bureaux. La vente locale, celle qui produit le plus de bénéfices, s'élevait alors à près de cent mille hectolitres : c'était le revenu le plus clair de l'affaire, puisqu'on ne vendait encore que très-peu au dehors. Cette vente fut donc complétement annulée, à la grande satisfaction des mines voisines et au grand désappointement des habitants, forcés d'aller à grands frais se pourvoir au loin de ce dont jusque-là ils avaient pu s'approvisionner sur place !... De cette manière, cet administrateur vraiment modèle était parvenu à faire dépenser aux mines une *somme de vingt à vingt-deux mille francs par mois*, sans la moindre recette pour la compenser !..... Et ainsi de suite, etc., etc....

Lorsque trois années plus tard, en 1841, les mêmes actionnaires qui m'avaient poursuivi eurent compris enfin que j'étais le seul homme de la Société qui aurait pu les sauver, ils m'offrirent la gérance. Il était malheureusement trop tard, le malade était à l'agonie, et il ne lui restait plus de même famille qui avait organisé la *Société des mines et du chemin de fer d'Épinac* (1). Or, ces mines, alors sans voies de communication, qui ne lui avaient coûté, avec le château et la verrerie, que la très-modique somme de cent mille francs, avaient été, après une dépense de quatre à cinq cent mille francs en travaux préparatoires, et sur un magnifique rapport d'un autre de mes illustres condisciples, M. Michel Chevalier, organisées en société au capital de *six millions;* et ces mines n'ont jamais eu de procès, et elles ont toujours été considérées depuis comme une bonne et excel-

son million de fonds de roulement que quarante-huit mille francs en caisse! Comment, avec une aussi faible somme pouvoir continuer et même relever une affaire aussi discréditée? Je l'ai entrepris cependant, parce qu'on m'avait autorisé en même temps à faire un emprunt de *deux cent mille francs* que je croyais pouvoir réaliser. Je n'avais pas encore bien pu apprécier l'immense influence exercée par la presse et les procès contre cette malheureuse affaire. Ayant d'abord échoué auprès des actionnaires et des capitalistes français, je me suis adressé à ceux de la Belgique sans plus de succès, puis en dernier lieu à ceux de la Suisse, où les capitaux sont si désireux de pouvoir se placer en France avec la garantie hypothé-caire qui n'existe pas dans ce pays. Mais là comme ailleurs il me fut répondu : Ah! monsieur, si votre affaire s'appelait Saint-Nicolas, Saint-Jacques ou Saint-Pierre, vous auriez demain vos deux cent mille francs et même plus si vous le désiriez; mais pour Saint-Berain, offrit-il *dix fois* plus de garantie, nous ne prêterons pas un sou! On conçoit qu'après les procès scandaleux de l'affaire, qu'en présence des discordes renaissantes de la Société, tous les capitalistes aient refusé de confier leurs capitaux, dans la crainte de se voir par suite engagés eux-mêmes dans des procès.

J'ai cependant continué, à l'aide des faibles ressources et des quelques ventes que j'étais parvenu à réaliser, à faire encore marcher les mines plus de trois années, mais en suspendant tous les travaux d'avenir. Quoique je fusse parvenu à réhabiliter complètement les mines auprès de tous les consommateurs du pays, il était évident qu'en l'absence des ressources sur lesquelles j'avais compté, je me verrais forcé à venir moi-même proposer la liquidation de la Société que j'aurais tant voulu pouvoir éviter. Elle a eu lieu dans le courant de l'année 1844!...

(1) De concert avec MM. Guillaume Bocquet et Léopold Javal, qui y a commencé sa fortune en y gagnant *un million net.*

lente affaire. Blum était donc, mieux que qui que ce fût, à
même de pouvoir apprécier la valeur et l'avenir des mines
voisines de Saint-Berain et de Saint-Léger, beaucoup plus
étendues que celles d'Épinac, beaucoup plus avantageusement situées et surtout comme jouissant déjà des moyens
de transport les plus économiques, les *voies d'eau.*

Les mines de Saint-Berain et de Saint-Léger, dans lesquelles
la famille Blum avait déjà dépensé trois cent mille francs,
achetées douze cent mille francs de trois anciens notaires de
Dijon, MM. Clerget, Gaulot et Gacon, qui pour ce seul fait
ont été, eux aussi, impliqués dans les deux procès correctionnels, ces mines, dis-je, revendues forcément, après le
procès, et acquises par les propriétaires des mines voisines
de Blanzy, heureux de s'enlever ainsi leur concurrence la
plus redoutable, ont également été apportées plus tard, dans
leur société minière, pour *six millions*, et non-seulement
elles n'ont plus eu de procès à subir, mais encore elles ont
valu à leurs nouveaux vendeurs des remercîments de la part
de leurs actionnaires. En effet, les mines de Saint-Berain et
de Saint-Léger, que Jobard, de Bruxelles, à la suite d'un
voyage fait au Creusot, avait déjà cherché à réhabiliter dans
un article adressé au *Moniteur de la Côte-d'Or* du 4 octobre 1858 (1), sont aujourd'hui le plus beau fleuron de la
Société dite *Compagnie des mines de Blanzy.*

(1) Ce journaliste industriel y disait qu'en revenant du Creusot par le
canal du Centre, on trouve « ses bords garnis de tas énormes de charbon
» de Saint-Berain de sinistre mémoire, qui a ruiné et flétri ses premiers
» inventeurs et fauteurs pour enrichir leurs successeurs, selon l'usage anti
» que et déplorable des surfaciers qui ne veulent pas descendre au fond
» des choses et encore moins au fond des *bures* (puits). Le fait est qu'il
» n'y avait pas un brin de charbon dans la prairie, et qu'ils ont pu se
» tromper sur l'apparence; on ne leur avait peut-être pas dit que la houille
» se trouve dans la terre, et qu'à Saint-Berain surtout elle est *d'excellente*
» *qualité et en immense quantité...* Passons l'éponge sur cette erreur. »
    « *Res judicata solvi*, le jugement qui ruine les uns enrichit les autres;
» *e sempre bene.* » Jobard.
    Vers la même époque, M. Bigand, exploitant de mines, qui avait dirigé

Quelque vive qu'ait été sur quelques points l'émotion électorale de ces derniers jours, elle n'a rien eu de comparable à celle qui a été généralement suscitée dans tout le pays par le procès de Saint-Berain. En province on s'arrachait les journaux à leur arrivée; toute autre préoccupation disparaissait devant lui; il inquiétait, il émouvait, et agitait exclusivement les esprits, à ce point que l'attentat de la place de la Bastille, contre les princes d'Orléans, est passé presque inaperçu. Aussi, lorsque après l'arrêt de la cour royale, lorsque après deux acquittements, et en violation de l'article 360 du *Code d'instruction criminelle*, qui établit d'une manière si claire l'axiome de droit *Non bis in idem*, Louis Cleemann et moi nous avons été arrêtés sans motifs, les organes de la presse n'ont adressé aucune réclamation contre cette atteinte monstrueuse portée à la liberté individuelle; ils ont tous gardé le silence le plus absolu et ont accepté le fait comme une satisfaction naturelle donnée à la clameur publique! En toute autre circonstance ils n'eussent pas manqué de jeter les hauts cris; mais, telle est la justice humaine, qu'elle accepte souvent volontiers les faits, même injustes, qui satisfont ses passions haineuses.

L'animosité avait été portée à ce point, que le commissaire de police chargé de procéder à la saisie de mes papiers m'a déclaré qu'en n'assistant pas, la veille, au prononcé de l'arrêt, nous avions rendu le plus grand service à la police, qui n'aurait su comment nous soustraire à la fureur publique, dont elle-même aurait sans nul doute également été victime; et

---

la verrerie de la Motte-Saint-Berain, écrivait également, à l'occasion des mines au milieu desquelles il avait vécu : « Voilà l'affaire pour laquelle » les acquéreurs actuels, hommes spéciaux et de la partie, qui connais- » saient très-bien la valeur de Saint-Berain, n'ont pas craint de mettre » environ quinze cent mille francs, et ils étaient décidés à aller beaucoup » au delà s'ils avaient trouvé des concurrents sérieux, car ils n'auraient pas » laissé aller l'affaire, à quelque prix que ce fût; et en effet, Saint-Berain » était une affaire qui, avec de l'argent et le temps nécessaire, devait » l'emporter un jour sur leurs propres mines. »

effectivement, malgré un renfort d'une compagnie de ligne, la force publique n'a pu empêcher la salle d'audience d'être littéralement prise d'assaut (1).

D'un autre côté, les réunions d'actionnaires, où la police

(1) Au milieu de ce brouhaha de condamnations, d'acquittements, d'arrestations inexplicables, les témoignages d'estime et de sympathie ne me manquèrent pas. Beaucoup d'officiers de l'armée de Morée qui avaient pu m'apprécier, et, entre autres, les généraux Schneider, Trézel, Despans-Cubières, Espéronnier, les colonels Peytier, Pourchet, Lavelaine-Maubeuge, etc., etc., m'avaient fait déposer leurs cartes ou adresser leurs compliments. Bon nombre de lettres les plus amicales et les plus sympathiques me furent adressées de toutes parts, et parmi elles, celles d'un certain nombre d'actionnaires.

Le vénérable M. de Préseau, ancien député du Nord, m'écrivait de son château de Dompierre, près d'Avesnes : « J'ai pris la part la plus vraie à » toutes les tribulations que cette malheureuse affaire vous a occasionnées; » le plus honnête homme n'est pas à l'abri d'un pareil événement, vous » en êtes la preuve. »

M. J. J. Dubois, l'un des conservateurs du Musée des Antiques du Louvre, l'ami des Champollion, des Letronne, en apprenant mon arrestation, m'écrivait de Paris : « Mon cher compagnon, toujours souffrant, » je n'ai pu encore, ainsi que je désirais le faire, vous aller dire toute la » part que ma femme, ma fille et moi, nous prenons à la position cruelle » dans laquelle vous vous trouvez, et qui certes est la plus horrible et la » plus étrange que puisse avoir à subir un homme de bien.

» Je vous prie de recevoir ici l'assurance bien formelle que quelque » chose qui puisse arriver, je ne cesserai jamais d'avoir pour vous la plus » parfaite estime, et que, sous les verrous comme dans les champs de la » Grèce, je tiendrai toujours à honneur de recevoir de vous le nom » d'ami. »

De son côté, M. Henri Martin, alors ingénieur aux mines du Treuil, près de Saint-Étienne, m'adressait la lettre suivante : « Mon cher Virlet... » Je viens de lire dans les journaux que, malgré deux acquittements succes- » sifs, un mandat d'amener vient d'être décerné contre vous. Cet excès » de rigueur est incompréhensible!... Durant les deux procès, lorsque » votre innocence, aux yeux de la loi, n'était pas encore proclamée, on » vous a laissé votre liberté, et aujourd'hui que vous sortez une seconde » fois vainqueur de la lutte acharnée déclarée contre vous, on déploie des » mesures de rigueur dont vous aviez été exempté jusqu'alors! C'est in- » croyable, et je refuse même de croire à ce nouveau malheur dont on vous était obligée d'intervenir, donnaient lieu à des scènes d'une violence inouïe, envahies qu'elles étaient (à l'aide d'actions ou même de demi-actions prétées) par des personnes tout à fait étrangères à la société. On n'y entendait que les apostrophes de *voleurs,* de *flibustiers,* de *misérables,* d'*escrocs,* etc., etc.,

» dit frappé!... J'attends donc de vos nouvelles avec la plus vive impa-
» tience... Édouard Wéry se joint à moi pour vous renouveler ses amitiés
» et vous recommander une prompte réponse. »

Oui, ces rigueurs incroyables, inouïes, m'ont frappé!

Heureusement que mon arrestation et ma mise à la *geôle* (chambre payante) n'ont pas duré longtemps. Une personne amie, Mme la comtesse de B..., née princesse de T..., s'est empressée, dès le second jour, de venir me réclamer au juge d'instruction; mais avant d'arriver en présence de ce magistrat, j'ai dû subir l'humiliation d'une station à la *souricière!* Sur mes vives récriminations pour une telle indignité, il s'est excusé en disant qu'il n'avait donné aucun ordre à ce sujet; mais là était précisément la faute : il aurait dû m'éviter l'inconvénient de me voir confondu, ne fût-ce que pour un instant, avec les voleurs et les assassins! Il ordonna du reste mon élargissement avec beaucoup d'empressement, grâce à la présence de ma gracieuse intervenante, après toutefois que j'eus paraphé environ trois cents pièces saisies sur mon bureau et dans mes cartons, consistant principalement en notes scientifiques et industrielles, en correspondances privées, si peu compromettantes et de si peu d'importance, même pour moi, que je n'ai jamais fait de démarches pour en réclamer la restitution.

Souricière de la Préfecture de police de Paris. Peu de personnes honnêtes, je pense, se sont trouvées à même de savoir ce que c'est que cette souricière. Elle consiste en une pièce souterraine, très-faiblement éclairée par un soupirail; son dallage est disposé en pente vers un trou central, destiné à recevoir les ordures de chacun. Elle est précédée d'une espèce d'antichambre, éclairée, elle, par une vraie lampe sépulcrale; ou pour mieux dire, c'est une seule pièce divisée en deux par une grille en fer, à l'instar de celles des cages des animaux féroces. C'est dans la seconde partie de la pièce que se tiennent les agents de police chargés de veiller sur les prisonniers ou malfaiteurs, composés de tout ce qu'il y a de plus dégradé dans la société : ce sont des voleurs, des assassins, d'anciens repris de justice. On les introduit dans la souricière par une espèce de trappe ou de porte à guillotine, qui se soulève à l'aide d'un levier en fer et sous laquelle on passe en s'abaissant; puis on la laisse retomber lourdement. Une fois passé, il faut, suivant la coutume du lieu, que le nouvel arrivant raconte les méfaits qui ont amené son arrestation, et il est d'autant plus considéré,

et autres aménités analogues! Toutes les personnes qui ten-
taient d'y prendre la défense des mines, de dire qu'il fallait
attendre qu'elles pussent se développer, que c'était une
affaire d'avenir, etc., etc., étaient sifflées, huées et forcées
de se taire!... Celles, au contraire, qui venaient déclarer

que les délits ou les crimes qu'il a commis sont plus monstrueux, sont plus
épouvantables!...

Lorsque j'y fus amené, les gendarmes et les agents en surveillance m'a-
vertirent de bien prendre garde à ce que je pouvais avoir de précieux sur
moi, parce que je pourrais bien ne pas sortir avec. Cet avertissement offi-
cieux me donnait une bien affreuse idée de la société avec laquelle j'allais
me trouver confondu. Elle se composait pour le moment d'une vingtaine
de malfaiteurs de tous les âges et parmi lesquels il y avait des enfants et
des vieillards; les uns portaient le costume des maisons de détention, les
autres étaient à peine vêtus et en guenilles. On concevra donc facilement
que l'arrivée d'un homme bien mis, de bonnes manières, décoré, de haute
stature, dut produire une certaine sensation parmi cette troupe de ban-
dits du plus bas étage. Aussi, dès que j'eus franchi la fatale fourche cau-
dine, je fus immédiatement entouré, et l'un de ces chenapans m'ayant
apostrophé en me disant : « Monsieur est sans doute *un détenu politique?*
je saisis avec empressement l'idée qui m'était ainsi suggérée et répondis
affirmativement que oui. Cela sauva tout au moins mes habits, car, comme
ils ont la plus grande vénération pour tout homme qui travaille au renver-
sement de la société, ils eurent dès ce moment pour moi toute la consi-
dération possible, et ces mêmes hommes qui avaient peut-être eu l'idée de
me dépouiller, me laissèrent à l'instant libre, sans exiger le récit de mes
aventures.

Pendant environ une heure que je dus passer parmi eux, j'ai pu facilement me convaincre que le malheureux qui se trouve tout à coup jeté,
pour une première faute, parmi eux, doit bientôt perdre à ce contact et à
cette fréquentation le reste des sentiments honnêtes qu'il pouvait encore
conserver en son cœur. La prétendue répression des prisons n'est à vrai
dire qu'une école de haut enseignement du crime!...

Pour donner une idée du diapason auquel était arrivée l'opinion publique en France par rapport aux *hommes de Saint-Berain,* il me suffira
de rappeler ici quelques anecdotes qui me concernent.

Madame la comtesse de B..., après ma sortie de prison, m'ayant engagé
à aller passer une quinzaine de jours à son château de *Sans-Souci* près de
Sézanne, pour y trouver le calme et le repos dont j'avais tant besoin
après les nombreuses tribulations que je venais d'éprouver, j'acceptai avec

qu'il n'y avait pas de charbon à Saint-Berain, qu'il n'y en avait jamais eu, qu'il n'y en aurait jamais, ou bien que s'il y en avait il était si mauvais *qu'il éteignait le feu,* etc., etc., étaient acclamées, applaudies à outrance!...

Un actionnaire de Rouen, voyageur en vins, fut chargé

empressement. Avant d'y arriver, elle me dit que pour ne pas trop effaroucher les dames de province, elle me présenterait à sa société sous mon petit nom seul. Après que je l'eus quittée, elle interpella les dames qui fréquentaient son salon, pour connaître l'impression que j'avais pu produire sur elles. Naturellement, elles ne firent que des réponses pouvant flatter leur charmante et spirituelle hôtesse. On m'avait trouvé très-bien, d'une conversation agréable, quoique parlant peu; on me considérait comme un esprit sérieux et fort instruit; on me croyait enfin sous le coup d'un chagrin profond qui me donnait cet air triste et préoccupé qu'on avait plusieurs fois remarqué en moi. Eh bien, reprit la comtesse, ce monsieur qui vous a plu, que vous avez trouvé si poli, si posé, si réfléchi, c'est le *fameux ingénieur des mines de Saint-Berain!* A cette révélation inattendue, il y eut un instant de silence, un peu de stupéfaction, puis une de ces dames s'écria tout à coup : « Quoi!... c'est-là l'ingénieur de Saint-Berain? Mais c'est un homme comme un autre!... » Cette exclamation naïve dit tout; elle fait voir que les hommes de Saint-Berain étaient devenus, dans l'esprit de beaucoup de personnes qui ne les connaissaient pas, des êtres fantastiques, des espèces d'*ogres* ne se nourrissant que de chair humaine, etc., etc.

De retour à Paris, je voulus, le soir de la fête du roi, aller promener mes ennuis à la fête, pour jouir des illuminations et du feu d'artifice; mais j'en fus bientôt empêché, car ayant été reconnu par deux fois, dan le jardin des Tuileries, je me vis, à ces mots partis de la foule : *Voilà l'ingénieur de Saint-Berain,* entouré tout à coup par une telle masse de curieux que je ne sais comment j'aurais pu en sortir sans le secours des surveillants, qui, arrivés pour la seconde fois à mon aide, m'engagèrent très-poliment à me retirer, afin d'éviter de nouveaux rassemblements. Du reste, cette foule n'avait absolument rien d'hostile; elle était seulement animée de ce vif sentiment de curiosité toujours produit par les affaires d'un grand retentissement. J'étais donc devenu, non le lion du jour, mais une des curiosités du moment.

A cette époque, où l'opinion publique en était venue dans beaucoup de localités jusqu'à la fureur, il eût été réellement dangereux de vouloir prendre la défense de M. de Girardin ou des hommes de Saint-Berain, de ces brigands-là, comme on les appelait généralement; on se serait exposé par ses nombreux coïntéressés de cette ville d'aller vérifier si *réellement* les mines de Saint-Berain et de Saint-Léger *existaient* ou *n'existaient pas*, car, on était arrivé à douter de leur existence! Ce fut moi-même qui lui servis de pilote. Émerveillé de ce qu'il voyait, après tout ce qu'il avait entendu

à être lapidé. Un jour, quand déjà plus de cinq mois s'étaient écoulés depuis le procès, me trouvant à Mâcon, à table d'hôte, en même temps que plusieurs voyageurs, la conversation, dans cette ville, chef-lieu du département où sont situées les mines de Saint-Berain et de Saint-Léger, tomba naturellement sur ces mines. Quoique je fusse décidé, par prudence, à ne prendre aucune part à la conversation, je ne pus néanmoins, impatienté que je fus de toutes les mauvaises plaisanteries et des absurdités que j'entendais débiter, m'empêcher de présenter quelques observations qui auraient dû ramener des personnes ignorant complétement les faits à des sentiments plus modérés; mais loin de là, mes paroles furent mal interprétées, je fus diversement apostrophé, et l'on alla jusqu'à me demander si je n'étais pas l'un des compères de ces *flibustiers.* A ces mots, mû comme par un ressort, je me lève et je dis, en frappant violemment sur la table :
— Non, messieurs, je ne suis pas leur compère, mais je suis *l'ingénieur de Saint-Berain.* En même temps je promenais autour de moi un de ces regards foudroyants qui, chez moi, lorsque la colère me monte au cerveau, veut dire : Le premier qui dit un mot de plus, le premier qui bouge, je le fais sauter par la fenêtre. Il produisit entièrement son effet, car tout le monde se tut; je pus donc me rasseoir tranquillement pour sortir quelques minutes plus tard. J'ai su après que le maître d'hôtel, qui me connaissait, avait osé prendre ma défense, et certes, dans sa position, c'était faire preuve d'un certain courage !...

En 1841, alors que, cumulant les doubles fonctions d'ingénieur et d'administrateur des mines, je me trouvais chez le sous-préfet de Châlons-sur-Saône, nous en vînmes à reparler de tout ce qui s'était dit et fait à l'occasion du procès. « Mais enfin, me dit-il, vous ne pouvez pas nier que vous n'ayez acheté, à cette époque, *soixante bateaux de charbon de Blanzy?* » Je le regardai pour voir s'il parlait sérieusement, et comme je le vis très-convaincu : « Comment, monsieur Paccard, lui répondis-je, vous qui êtes le premier magistrat du pays; vous qui êtes propriétaire à Saint-Léger et à Saint-Berain même, avez-vous pu croire à un pareil mensonge? Comment n'avez-vous pas eu l'idée d'en écrire aux maires, pour vous assurer au moins de la vérité? C'était cependant votre devoir, car votre opinion dans cette affaire pouvait avoir les conséquences les plus graves, attendu qu'on a pu, que dis-je, qu'on a dû vous écrire plus d'une fois pour avoir des dire d'absurde contre ces mines, il me dit en me quittant et en me serrant la main : « Soyez tranquille, monsieur Virlet, j'irai à la première réunion des actionnaires et je vous promets de réhabiliter l'affaire ! » — J'en accepte volontiers l'augure, lui répondis-je ; mais, franchement, j'en doute très-fort ! Il vint, en

renseignements sur nos mines. — Que voulez-vous, m'objecta-t-il, je tenais la chose de personnes que je devais croire dignes de foi. — Eh bien, monsieur le sous-préfet, vous auriez dû comprendre que c'était une insigne calomnie de plus à ajouter à celles répandues dans le public par des concurrents jaloux, désireux de discréditer l'affaire : car je vous déclare formellement aujourd'hui, moi, que non-seulement nous ne leur avons jamais acheté une parcelle de charbon, mais que c'est au contraire nous qui leur en fournissons pour leur verrerie, où ils auraient bien de la peine à obtenir de bonnes fontes sans le secours de nos charbons, beaucoup plus ardents que les leurs !... »

Comment s'étonner, d'après cela, que bien des personnes du pays, s'approvisionnant de temps immémorial aux mines de Saint-Berain, avaient fini par croire aussi que le charbon qu'elles voyaient sortir des puits pouvait bien provenir d'autres mines, surtout quand les ouvriers, que la chose amusait beaucoup, répondaient quelquefois mystérieusement aux questionneurs, de manière à confirmer cette croyance ridicule ? Il aurait donc fallu que nous descendissions le charbon la nuit pour le faire remonter le jour ? ou bien encore supposer l'existence de galeries souterraines de plusieurs lieues de longueur, qui auraient exigé, pour les construire, bien des années et bien des millions, sans compter l'impossibilité de les aérer ? O crédulité humaine ! quand cesserez-vous de pouvoir être aussi grossièrement exploitée et abusée !...

Enfin, en 1842, cinq années déjà après le procès, j'eus affaire à Paris avec la riche maison de banque Marc, Certain, Drouillard. L'affaire qui m'amenait terminée, je profitai de l'occasion pour offrir de nos charbons à M. Drouillard. Après quelques instants de conversation, il m'interpella pour savoir d'où étaient les charbons que je lui offrais. A cette question, je ne pus m'empêcher de sourire, car j'avais un peu le pressentiment de ce qui allait encore arriver : « Les charbons que je vous offre, lui répondis-je gravement, sont ceux des mines de Saint-Berain et de Saint-Léger. » A ce nom de Saint-Berain, il s'agite violemment dans son fauteuil en disant : « Du charbon de Saint-Berain ! mais il n'y a pas de charbon de Saint-Berain ; mais c'est de la terre ; mais c'est de la *saloperie* ; mais c'est... ! » etc., etc. Quand il fut un peu calmé, je lui fis observer que d'après ce qui venait de se passer, si je lui offrais du charbon de Saint-Berain, il devait être bien effet, raconter sa visite aux mines : il avait le verbe haut, il parlait avec facilité, il fut écouté avec assez de patience ; mais quand il eut fini, une personne lui ayant adressé cette simple question : « Oui, monsieur, nous ne doutons pas que vous ayez vu du charbon, beaucoup de charbon même, dans les mines de Saint-Berain et de Saint-Léger ; mais êtes-vous bien sûr que ce n'est pas du charbon qu'on a appliqué contre les parois des galeries, pour faire croire à la *richesse prétendue* de ces mines ? » A cette question, il s'éleva un hourra général dans l'assemblée ; l'actionnaire visiteur ne put reprendre la parole pour répondre et faire voir l'impossibilité d'une telle opération ; et ce qui n'avait été qu'une interpellation absurde fut accepté comme un fait parfaitement démontré, et consacré le lendemain par les petits journaux spéciaux de l'époque. Voilà comment la presse était parvenue à faire une réputation atroce à des mines fournissant cependant un des meilleurs charbons du canal du Centre !...

Plus tard, un des actionnaires de Paris, très-brave et très-honnête homme, M. Jourdain de Muizon, chef de bureau à la liste civile, avait mis dans sa tête d'amener la liquidation forcée de la Société. Il s'était donc déclaré en hostilité complète avec moi, qui voulais l'empêcher. Comme il avait aussi la conviction que je n'étais pas l'auteur de mon rapport, qui, selon son idée et celle de bien d'autres personnes, devait être l'œuvre de M. de Girardin, il s'était mis aussi dans la tête de

convaincu d'une chose, c'est qu'il y avait du charbon à Saint-Berain, car il m'aurait été facile d'emprunter un nom qui l'eût moins effrayé. « Vous êtes industriel, monsieur Drouillard, ajoutai-je, vous connaissez la valeur des différentes qualités de charbons, discutons donc de celles des charbons de Saint-Berain par rapport à celles-là. » C'était, en définitive, un homme de très-bon sens que ce banquier ; aussi me répondit-il aussitôt : « Au fait, vous avez raison ; tout ce qu'on a dit de vos charbons n'est que du bavardage des journaux, que nous avons le grand tort de croire trop facilement à la lettre ; si donc vous en faites une expédition pour Paris, veuillez nous en faire laisser, en passant, deux bateaux à notre verrerie de Choisy-le-Roi, pour essai !... »

me le faire avouer. J'avais beau lui déclarer que si j'avais été capable d'accepter, en de telles circonstances, de mettre ma signature à l'œuvre d'un autre, je me regarderais comme un grand criminel, comme un grand misérable ayant mérité toutes les condamnations, il n'en revenait pas moins toujours à la charge.

Un autre actionnaire, celui-là était un ancien chef d'escadron d'artillerie, avait, lui, une singulière marotte; c'était celle de vouloir absolument tuer un des hommes de Saint-Berain, avec des cartouches fabriquées, disait-il, en me les faisant voir, avec des actions de la Société, et il voulait absolument que je lui donnasse les adresses de Blum et de Cleemann pour aller leur renvoyer à travers le corps leurs actions accompagnées de balles. Quoique je lui eusse déclaré formellement que lors même que j'eusse connu le lieu de leurs résidences, je me garderais bien, en présence de ses menaces, de les lui faire connaître, il revenait cependant à chaque fin de trimestre me répéter son antienne, en vue sans doute de m'effrayer personnellement; à cet égard, il s'adressait fort mal. Dans une de ces visites, il m'avoua qu'il avait porté ses doléances jusqu'au roi Louis-Philippe lui-même, qui lui aurait déclaré, à son très-grand étonnement, que les mines de Saint-Berain seraient une très-bonne affaire si on lui donnait le temps de se développer!...

Ainsi Louis-Philippe et ses ministres, comme me l'a d'ailleurs souvent répété à moi-même Martin du Nord, alors ministre de la justice, mon ami et mon collègue à la *Société des Enfants du Nord*, avaient la meilleure opinion des mines de Saint-Berain et de Saint-Léger; ils n'ignoraient pas que le procès qu'elles avaient eu à subir n'avait été que l'œuvre infernale du journalisme!

Cette lettre, que vous trouverez sans doute bien longue, ne m'a été inspirée que dans un but de défense purement personnelle; quant à M. de Girardin, avec lequel je n'ai jamais beaucoup sympathisé, et vous conviendrez que je n'ai guère été payé pour cela, il n'a besoin de personne pour se défendre, et à plus forte raison de moi qui devrais le regarder comme mon plus grand ennemi, puisqu'il est la cause, bien involontaire sans doute, de toutes mes infortunes. Quoi qu'il en soit cependant, je ne puis m'empêcher d'admirer l'extrême énergie avec laquelle il soutient, non sans avantage, depuis tantôt trente-cinq ans, une lutte gigantesque qui a nécessairement dû aigrir beaucoup son caractère et contribuer à lui créer cet esprit cassant qui fait trop souvent renaître des luttes et des animosités qu'on aurait pu croire depuis longtemps éteintes.

Enfin, Monsieur, vous trouverez peut-être aussi cette lettre un peu tardive, mais j'ai cru devoir la différer, afin de ne pas me laisser trop aller aux impressions douloureuses que la lecture de votre brochure avait fait renaître en moi; car, moi aussi, je pourrais très-bien vous poursuivre en calomnie! Mais à quoi me servirait votre condamnation, même à la prison? A quoi me serviraient des dommages-intérêts, si ce n'est à doter quelque établissement de bienfaisance? J'ai préféré attendre que le calme se fût entièrement rétabli dans mes esprits; j'ai préféré adopter les idées nouvelles de M. de Girardin sur la parfaite inanité des poursuites en matière de diffamation, lorsqu'il s'agit de la presse surtout; et c'est pourquoi je me borne aujourd'hui à ces simples observations, où j'ai même voulu écarter toutes expressions injurieuses, comme ne prouvant jamais rien, laissant au public le soin de juger, en ce qui me concerne, vos procédés peu loyaux, attendu que vous ne me connaissiez pas; que je ne vous ai ni attaqué, ni insulté!

Je vous prie d'agréer, Monsieur, mes salutations.

Votre très-humble et très-obéissant serviteur,

VIRLET D'AOUST,

Ingénieur civil des mines, 52, rue de Clichy.

PARIS. TYPOGRAPHIE DE HENRI PLON, IMPRIMEUR DE L'EMPEREUR, RUE GARANCIÈRE, 8.

www.ingramcontent.com/pod-product-compliance
Lightning Source LLC
Chambersburg PA
CBHW070716210326
41520CB00016B/4365